# AM BÒ

### Catrìona Anna NicLeòid

**Dealbhan le
Merrill MacWilliam**

acair

Gu Ailean

Air fhoillseachadh ann an 1994 le Acair Earranta,
7 Sràid Sheumais, Steòrnabhagh, Leòdhas

Na còraichean uile glèidhte. Chan fhaodar pàirt sam bith
den leabhar seo ath-riochdachadh an cruth sam bith,
no an dòigh sam bith, gun chead ro-làimh bho Acair.

© na sgeulachd Catrìona Anna NicLeòid
© nan dealbh Merrill MacWilliam

Deilbhte agus dèanta le Acair Earranta
Clò-bhuailte le Gasait Steòrnabhaigh, Steòrnabhagh, Leòdhas

LAGE/ISBN 0 86152 120 X

# 1

'S e balach snog a bh' ann an Ailean. Bha e modhail, còir agus glic airson fear dha aois. Bu chaomh leis a h-uile duine e — aosd agus òg. Cha bhiodh Ailean a' tighinn dhachaigh às an sgoil le poll air a bhriogais no a sheacaid air a reubadh. Cha bhiodh e a' tarraing às a' chlann-nighean 's cha bhiodh e idir a' sabaid ris na balaich eile, beag no mòr. Fìor aingeal a bh' ann an Ailean, gun lochd, gun olc. Cha robh e idir coltach ri bhràthair Ruairidh a bha an còmhnaidh ann an trioblaid.

Cò aig tha fios, 's dòcha gum biodh cùisean air fuireach mar sin mura biodh an rud neònach a thachair dha Ailean air an t-slighe dhachaigh às an sgoil. Cheannaich Ailean pacaid chriosps, seadh, criosps. Nise, mar is tric, chan eil càil annasach mu thimcheall pacaid chriosps, ach fuirich mionaid gum faic thu dè bha nam broinn.

Bha mhàthair air airgead a thoirt dha Ailean airson rud a cheannach air an t-slighe dhachaigh, rud beag a chumadh an t-acras dheth gu àm na tì. Bha làn fhios aig Ailean gun robh rudan milis dona dha fhiaclan. A chionn nach robh ùbhlan no measan sam bith eile anns a' bhùth, cheannaich Ailean pacaid chriosps — b' e blas càis agus uinnean an fheadhainn a b' fheàrr leis.

Seach gun robh latha brèagha ann, smaoinich Ailean gun deigheadh e cuairt dhan phàirce a dh'fhaicinn na tunnagan air an lòn. Shuidh e air being agus thòisich e ri fosgladh nan criosps. Shrac e am poc agus chuir e làmh na bhroinn. "Aobh, Aobh — dè bha siud?" Bha rudeigin air a mheur a bhìdeadh!

Leum Ailean gu chasan, leig e às a ghrèim, thuit am poc gu làr agus dè leum a-mach às ach duine beag bìodach 's e eagalach grànda.

"Abair thusa mì-mhodh! Cò thug dhut cead mise phronnadh mar siud? Ghabh mi eagal mo bheatha 's mi na mo shuain chadail."

"Mì-mhodhail," fhreagair Ailean, "An dè mise!

Bhìd thusa mo mheur — chan eil sin glè mhodhail, agus bha e goirt cuideachd." Sheall e mheur dhan an duine bheag.

"O, gabh mo leisgeul ma ghoirtich mi thu — tha mi uabhasach duilich," ars an duine beag ann an guth fanaideach. Chrùb Ailean gu ghlùinean ach am faigheadh e sealladh na b' fheàrr air an duine bheag. Abair thusa sealladh gràineil! Bha e mu dheich ceudameatair a dh'àirde, bha an craiceann aige garbh, cnapach agus buidhe. Bha beul mòr air, làn de dh'fhiaclan donn, briste agus lobhte — bha Ailean tàingeil gun robh esan a' coimhead as dèidh fhiaclan fhèin! Bha na sùilean aige dubh, biorach, làn puinnsein agus olc.

"Dè an t-ainm a th' ort?" dh'fhaighnich Ailean.

"Coinneach Carach. Bòcan sònraichte, oileanach ann an olc, dragh, ùpraid, mì-mhodh agus cleasachd," ars an duine beag le pròis na ghuth.

"Bòcan, olc, oileanach? 'S cinnteach gu bheil thu car aosda airson a bhith nad oileanach fhathast. Agus dè an sgoil a bhios a' teagasg olc agus mì-mhodh? Chan eil mi ga do chreids idir, idir."

"Airson bòcan chan eil mise ach òg fhàthast — bidh mi ceud bliadhna, dà fhichead 's a h-ochd a dh'aithghearr. Ma choisinneas mi anns an Oilthigh bidh mi na mo bhòcan urramach agus an uair sin..."

"Fuirich mionaid — càit a bheil an sgoil seo?"

"Nach tu tha aineolach! Tha sgoil mhòr aig bonn Loch Nis far am bi bòcainn, buidsichean, sìthichean, taibhsean agus uilebheistean a' dol a dh'ionnsachadh an ceàird."

Chrath Ailean a cheann. "Chan eil mi ga do chreids," ars esan.

"Uill, tha e mar seo. Smaoinich thusa air an fheadhainn a tha a' dèanamh beatha dhaoine searbh gach latha.

"Mar rèitear ball-coise, am fear a tha a' leughadh an aimsir air an Tì-bhì, trafaig wardens, dràibhearan bhusaichean nach stad riut. 'S e sin an obair chudromach a tha mise 's mo sheòrsa ri dèanamh, gan stiùireadh gu olcan mar sin a chuireas corraich air an t-sluagh. Agus tha làn dhùil agamsa a bhith anabarrach math air."

Sheas Ailean agus ghlan e a ghlùinean, "Siuthad ma-tà, gabh ris a Choinnich ach cùm air falbh bhuamsa."

Leum Coinneach air gualainn Ailein 's rinn e lachan gàire.

"Chan eil thu gam thuigse a bhalaich. Feumaidh mise cuideigin ciallach mar thu fhèin a mhilleadh. 'S e seachdain bhon diugh a th' agam airson sin a dhèanamh."

"Na sàraich thu fhèin ri mo linn-sa. Chan eil dùil sam bith agam faighinn ann an trioblaid. Lorg cuideigin eile — cha toir thu buaidh ormsa idir."

"Na bi cho gòrach Ailein. Chaidh do thaghadh gu sònraichte dhòmhsa, air sgath 's cho uabhasach ciallach 's a tha thu. Cha bhi e furasta ach cuiridh mise geall gum bi thu cho crosd ris an t-Sàtan ro dheireadh na seachdain."

Rinn Ailean snodha gàire.

"O, agus rud eile. Cha bhi e comasach dha duine m' fhaicinn ach thu fhèin, 's cha chluinn iad mi a bharrachd. Cha leig thu leas innse orm — cha chreid iad thu." Cha robh cus de dh'iomagain air Ailean — cha robh duil sam bith aige droch rud a dhèanamh. 'S e bh' annsan ach balach ciallach. Bha e glè dhòigheal air an t-slighe dhachaigh ag ithe nan criosps. Cha robh e airson am poc fhàgail air an fheur, agus co-dhiù, cha robh càil ceàrr air na criosps. Cha robh càil ceàrr idir.

# 2

Bha màthair Ailein trang anns a' chidsin mar a b' àbhaist nuair a ràinig e an taigh.

"Nach tu tha fadalach a ghràidh. Tha an tì gu bhith deiseil. Cuir dhìot d' aodach sgoile agus nigh do làmhan."

Rinn Ailean mar a chaidh iarraidh air agus thill e air ais dhan chidsin. "Am faod mi do chuideachadh mam?" dh'fhaighnich e.

"Gu dearbha fhèin faodaidh. Nach cuir thu na soithichean air a' bhòrd dhomh. Ruairidh cuidich thusa do bhràthair, agus nach lìon fear agaibh am bòbhla siùcair cuideachd."

"Dèan siud, dèan seo! Bha dùil agamsa na seòlaidhean a leughadairson an geama ùr Nintendo agam."

"Sguir a ghearain. Faodaidh tu sin a dhèanamh a-rithist."

"Ach bha mi airson ball-coise a chluich còmhla ri càch as dèidh na tì."

"Tiud! Chan eil càil air d' aire ach Nintendo agus ball-coise. Bhiodh tu na b' fheàrr dhe nam biodh barrachd samhla agad ri do bhràthair."

Thòisich Ruairidh a' bronndail bho anail. "Ailean siud, Ailean seo, Ailean, Ailean." Chunnaic Ruairidh an coltas a bh' air aghaidh a mhàthar agus dhùin e a bheul. Chaidh e a-null chun a' phris far an robh Ailean agus chuidich e e leis na soithichean. Chuir Ruairidh a-mach na sgeinean 's na forcaichean agus lìon Ailean am bòbhla siùcair.

Ach 's ann nuair a chaidh e dhan frids a dh'iarraidh an ìm a thachair an tubaist. Chual e èighe na chluais, "Seall air an seo Ailein."

Leum an t-ìm dhan an adhar, chuir e car a' mhuiltein no dhà agus thuit e air ceann Sparky, an cù. Leig an cù sgal chruaidh às leis an eagal 's a-mach à seo leis, suas an staidhre 's an t-ìm a' sgaoileadh air feadh an taighe. "Dè bhon ghrèin tha ceàrr air a' bheathach ud. Cuir a-mach às an taigh e. Thèid a nighe as

dèidh na tì. Leth-phunnd ìm air a sgrios."
Chrath mathair Ailein a ceann. Bha an tì math, gun a' chòrr a dh'ùpraid, ach gun robh Sparky a' rànail air cùl an dorais. Bha mam ag innse dha Dad mu dheidhinn an ìm 's bha esan dhan bheachd gur e spòrs mhòr a bh' ann.

"Ailein, sìn thugam am bòbhla siùcair," ars athair. Rinn Ailean sin. Aon, dhà, trì spàinean. Bu dheagh chaomh le athair teatha mhilis.

Ach mo chreach! Thòisich athair a' tilgeadh smugaidean 's e a' trod.

"Cò chuir salainn dhan a' bhòbhla siùcair?" Choimhead Ailean agus Ruairidh ri chèile le uabhas.

"Abair ceist amaideach," dh'èigh an athair. "Ruairidh, a-mach às mo shealladh! Cha bhi ball-coise no eile ann dhuts a-nochd."

"Ach dad, cha do rinn mise..."

"Tha siud gu leòr, suas leat an staidhre, siuthad!"

Cha robh càil a mhath argamaid ri dad. Chual Ailean lachanaich mu thimcheall am

frids. Bha Coinneach Carach, 's na deòir a' ruith bho shùilean, na shuidhe air soitheach silidh. Leum Ailean an-àirde.

"Dad. Cha b' e Ruairidh a rinn càil ceàrr. 'S e am bòcan a bh' ann. Seall air a' fanaid oirnn, an trusdar."

"Tha làn fhios agamsa nach eil thu airson mi a bhith trod ri Ruairidh. Ach Ailein, tha fhios agad cuideachd ma tha sibh a' dèanamh càil ceàrr gu feum sibh ur peanasachadh. Nis, suidh sìos agus crìochnaich do thì."

Cha robh math a bhith bruidhinn — bha Coinneach Carach ceart — chan fhaiceadh duine eile e ach Ailean.

An dèidh dha Sparky a nighe, chaidh Ailean suas gu rum Ruairidh le pacaid bhriosgaidean milis agus canastair còc. Bha an doras glaiste.

"A Ruairidh, seo, thug mi rud suas thugad."

"Seachain mi, 's tusa chuir an salainn dhan bhòbhla. Cha robh dùil agam gun robh thu cho cealgach."

"Cha bu mhì rinn e," ars Ailean. "Tha bòcan

a-staigh an taigh. "'S e Coinneach Carach an t-ainm a th' air. Tha e làn olc agus e airson mise mhilleadh."

"Ag innse nam breug a-nis Ailein. Cò shaoileadh e?"

Leis an tàmailt, dh'fhàg Ailean am biadh air cùl an dorais 's chaidh e sìos a chrìochnachadh obair sgoile.

An oidhche sin, fhad 's a bha Ailean na chadal, 's cha b' ann sìtheil, bha Coinneach le peann Ailein na làimh, 's fiamh a ghàire air, 's e a' sgrìobhadh rudan dona air obair sgoile Ailein.

"A-nis Ailein, nuair a leughas an tidsear seo chan ann ga do mholadh a bhios i," arsa Coinneach leis fhèin.

Cha robh trioblaidean Ailein ach dìreach air tòiseachadh.

# 3

Nuair a dhùisg Ailean anns a' mhadainn cha robh bòcan no càil ri fhaicinn. Leig Ailean osann mhòr às. 'S dòcha gum biodh an latha an-diugh na b' fheàrr. Chaidh e le sùrd sìos gu bhracaist.

Cha robh Ruairidh a' bruidhinn ri duine. Bha Sparky, 's làn fhios aige nach robh cùisean mar bu chòir, ri falach bho shèithear Ailein. Ach cho luath 's a shuidh Ailean sìos ruith Sparky a-mach an doras cùil mar gum biodh earball na theine.

"An innis duine dhòmhsa gu dè tha ceàrr air an amadan beathaich ud?" ars a mhàthair.

"Tha rudeigin dha chràidh. An dùil a bheil deargadan air?" fhreagair an athair.

Seall thusa air Coinneach le prìne mòr geur a' cromadh a chinn ri Ailean. "Dad, fuirich ort, chaidh Sparky a nighe a-raoir às dèidh na tì."

"Dè an diofar. Faodaidh tu a nighe a-rithist agus stuth nan deargad a chur air. Tha cho math a bhith cinnteach. Co-dhiù tha mise a' falbh. A bheil duine agaibh ag iarraidh an dràibheadh chun na sgoile. Tha tìde agam an-diugh." Chaidh Ruairidh a-mach gun a bheul fhosgladh. Reoth Ailean far an robh e. Smaoinich e air Coinneach Carach air a leigeadh fa sgaoil ann an càr.

"Chan eil dad is fheàrr leam na a bhith a' coiseachd — 's e as fhalainn dhomh," ars Ailean, 's e a' togail a bhaga-sgoile. "Do thoil fhèin. Chì mi a-nochd sibh."

Gu fortanach cha do thachair duine ri Ailean air an t-slighe. Cha robh sgeul air an fhear bheag co-dhiù. Ach càit an robh e?

Chaidh cùisean mar a b' àbhaist anns an sgoil gun do leugh an tidsear obair Ailein. Chaidh aodann cho dearg ri portan bruich agus sgiab e a dhà shùil.

"Gu dè tha seo! Cò bha sgrìobhadh air leabhar Ailein? Ach fuirich ort. Tha an làmh-sgrìobhadh seo coltach ri...Seumas Moireach. Thig a-mach an seo. Greas ort!"

Thionndaidh a h-uile ceann còmhla a thoirt sùil air Seumas.

'S e balach mòr tapaidh le cràic de fhalt ruadh a bh' ann an Seumas. Cha robh mòran gaol eadar Ailean agus Seumas. Bhiodh Seumas tric a' càineadh Ailean airson cho dèidheil 's a bha e air obair sgoile a dhèanamh. Cha robh e fhèin ainmeil airson an obair sgoile aige agus bha fhios aig a h-uile duine gun robh e 'g eudach ri Ailean. Bha fios aig an tidsear cuideachd.

"Cha b' e mise a rinn e idir," ghearain Seumas.

"'S e do làmh-sgrìobhaidh tha seo gun teagamh 'ille. Agus airson innse nam breug faodaidh tu sia duilleagan ath-sgrìobhadh bhon fhaclair Ghàidhlig airson a-màireach. Suidh sìos a-nis!"

"Coinneach Carach gun teagamh," thuirt Ailean ris fhèin.

Thug Seumas sùil gheur air Ailean anns an dol seachad.

Aig àm dìnneir bha Seumas a' feitheamh ri Ailean air taobh muigh an dorais.

"Dè tha thusa a' feuchainn ri dhèanamh a bhòiteig bhig? Tha deuchainn ann a-nochd airson sgioba ball-cois na sgoile 's bha làn dhùil agamsa a bhith ann."

"Cha b' e mo choire bh' ann a Sheumais," ars Ailean. "Tha fios agad nach eil mi cho suarach ri sin."

Chrom Seumas a cheann agus dh'aontaich e gun robh Ailean onarach. Airson tiota bha dùil aig Ailean gun robh e sàbhailt. Leum Coinneach a-mach à pòcaid Ailein 's thug e sgal chruaidh dha Seumas mun t-sròin. Le èighe làn pian agus fearg, leag Seumas Ailean gu làr, ga bhualadh le bhrògan 's le dhà dhòrn.

'S ann air èiginn a shlaod iad Seumas air falbh.

'S ann gu math tàmailteach a bha athair Sheumais a' coimhead nuair a thànig e air a thòir airson a thoirt dhachaigh às an sgoil air òrdugh an tidseir.

Ach abair thusa gun robh càch air leth faiceallach air Ailean bochd an còrr den latha.

Air bonn baga-sgoile Ailein bha Coinneach a' fàs car iomagaineach oir cha robh nithean a' dol mar a bha dùil aige. Cha robh an deuchainn seo furasta idir. Dh'fheumadh e innleachd eile fheuchainn — ach dè?

# 4

Bha Ailean air oidhche shàmhach cadail fhaighinn. Bha Coinneach fhathast a' meòrachadh ach ciamar a dhèanadh e a' chùis air Ailean. 'S mar sin bha esan anmoch gun chadal — bha e air a shàrachadh.

Dhùisg Ailean tràth — cha robh sgeul air Coinneach. An dùil càit an robh e? 'S beag fios a bh' aig Ailean gun robh am bòcan bochd na shuain chadail.

Cha do dh'ith Ailean mòran bracaist — cha robh acras air. Bha e an-fhoiseal fad na maidne, a' leum nan cluinneadh e fuaim 's a toirt sùil mu thimcheall fad na h-ùine. Bha seo a' dèanamh dragh mhòr dha mhàthair.
Mu dheireadh thall dh'innis Ruairidh dhi gun robh Ailean air a bhith sabaid ri Seumas Ruadh.

"O, mo chreach 's a thàinig," arsa mhàthair.

"Dh'fhaodadh Seumas a bhith air an eanchainn a chur às. Ma fhuair e droch sgal mun cheann 's dòcha gu bheil e air a dhochann. Tha mi a' dol a chur fios air an dotair sa mhionaid. Ailein, air ais dha do leabaidh gun dàil."

Dhìrich Ailean an staidhre. Disathairne anns a leabaidh! Oich, Oich.

Ach fuirich ort, nam biodh e anns a' leabaidh fad an latha chan fhaigheadh Seumas faisg air. Glè mhath. Chuir e air pyjamas agus chaidh e na shìneadh. Cha robh Dotair Grannd fada gun tighinn. Rinn e sgrùdadh air sùilean, cluasan agus beul Ailein le toirdse beag. Dh'fheuch e chuisle, agus dh'èisd e ri chridhe agus na sgamhain aige le pìoba.

"Uill a bhalaich," ars an dotair, "chan eil mise a' lorg aon chàil ceàrr ort. Tha thu cho falainn ri breac. Ach 's fheàrr dhut fuireach sa leabaidh latha no dha. Feuch gum faigh thu beagan fois."

Le sin chaidh an dotair agus a mhàthair a-mach gu bàrr na staidhre agus sheas iad an sin a' bruidhinn ri chèile air an socair.

Laigh Ailean air ais air a' chluasaig. Fois! Abair e! Bha sin èibhinn dha-rìribh agus Coinneach Carach na chuis-ghràin air feadh an taighe.

"Dè bha siud?" Thog Ailean a shuil agus reoth e. Bha Coinneach na shuidhe air baga an dotair. Bha am baga fosgailt! Le snodha gàire a bha làn olc thòisich e a' fosgladh nam botal gu lèir 's gan dòirteadh am broinn a' bhaga. Bha pileachan, acfhainn agus stuth casadaich air a measgachadh ri chèile, agus an toirdse beag. Abair brot grod! Dhùin Coinneach am baga 's chaidh e à sealladh.

Thàinig an dotair air ais dhan rum, agus thog e am baga.

"Dotair Grannd, feumaidh mi innse dhut an adhbhar airson gu bheil mi cho troimhe-chèile."

"Siuthad ma-ta Ailein," ars esan 's e a' suidhe air oir na leapa.

"Tha bòcan grànda ga mo leanntainn ge bith càit an tèid mi. Tha e a' feuchainn ri toirt orm rudan crosd, mosach a dhèanamh — mar dheuchainn."

Phriob an dotair air màthair Ailein 's rinn e gàire.

"Ceart gu leòr, ach gabh comhairle bhuamsa. Fuirich na do leabaidh 's chan fhaigh e air mòran cron a dhèanamh. Can ris an rathad mòr a ghabhail a-mach à seo."

"Tha mi duilich gun chuir mi dragh oirbh," ars a mhàthair. "An gabh sibh cupan tì mus fhalbh sibh? Tha mi cinnteach gu bheil gu leòr eile agaibh ri dhèanamh."

"Gu mì-fhortanach, tha, feumaidh mi an doras a-muigh a pheantadh. Obair mhì-thlachdmhor. Ach gabhaidh mi cupan tì, 's ma tha pìos bonnaich agad." Chaidh iad sìos an staidhre nan dithis.

Thug Ailean leth uair a thìde na fhallas a' feitheamh ri èigheachd agus ùpraid ach cha robh guth ri chluinntinn. Chuala e fuaim càr an dotair ri falbh 's an uair sin bha a h-uile nì sàmhach — airson fichead mionaid!

Sheirm am fòn. Fhreagair athair i.

"Ruairidh! Plàigh ort! Thig ann an seo!"

Bha Ruairidh bochd ann an trioblaid a-rithist. Cha robh Ailean cinnteach dè bha ceàrr ach chual' e Ruairidh a' ruith suas an staidhre agus e a' dùnadh dorais an rum le brag uabhasach.

Thàinig am màthair suas an ceann greis le biadh dhaibh. Dh'innis i nach fhaodadh Ruairidh ball-coise a chluich airson mìos agus gu feumadh e an càr a ghlanadh a h-uile Disathairne airson dà mhìos.

"Am faod mise Ruairidh a chuideachadh mam?" dh'fhaighnich Ailean. "Tha mi cinnteach nach e rinn milleadh ann am baga Dr. Grannd."

"Eisd thusa riumsa. Bha mi fhìn agus an dotair nad shealladh fad na h-uìne. Cha deach thusa faisg air a' bhaga. Dh'fhàg an dotair a bhaga aig bonn na staidhre fhad 's a bha e a' gabhail a thì. Cò eile rinn e? Sparky? Dad?"

"Ach mam," ars Ailean, "carson a dhèanadh Ruairidh rud gòrach mar siud?"

"Tha mise den bheachd gu bheil Ruairidh ag eudach air sgàth an fhrithealaidh a tha thusa a' faighinn an-dràsda. Sin e. Ith do bhiadh agus caidil greiseag."

Nuair a dh'fhalbh i chaidh Ailean air a shocair gu doras Ruairidh.

"A bheil thu fhathast a' cur a' choire ormsa?" dh'fhaighnich Ailean. "Chuala tu mam."

"Uill, cha b' e mise rinn e a bharrachd." Bha guth Ruairidh làn tùchadh. Bha e air a bhith a' gal. "Chan eil diofar dè nì mi no chanas mi, chan eil iad ag èisdeachd. Tha e cheart cho math dhòmhsa a dhol às ur sealladh — a chaoidh!"

"Na bi bruidhinn mar sin. Ma gheibh mise dòigh air mo shaoradh bhon bhòcan..."

"Nach èisd thu mun bhòcan agus taibhsean, tha mi seachd sgith dheth! Air ais dha do leabaidh mar bhalach chiallach," thuirt Ruairidh.

Gu brònach rinn Ailean sin. Cha robh a bhràthair ga iarraidh, bha Seumas Ruadh airson a mhurt, 's cha robh Sparky fhèin a' tighinn faisg air. Cha d'fhuair Ailean noradh cadail fad na h-oidhche ach bha Coinneach Carach sunndach gu leòr. Cha bhiodh e fada a-nis gu fàsadh Ailean feargach nach robh

**duine ga chreidsinn, agus nuair tha duine feargach chan eil fhios dè nì e.**

# 5

Dh'fhosgail mam na cùrtairean. Latha brèagha grianach.

A bheil thu a' faireachdainn nas fheàrr an-diugh a ghràidh?"

"O tha mam. Am faod mi èirigh agus beagan cuideachaidh a thoirt dha Ruairidh leis a' chàr?"

"Siuthad ma-tà, ach beagan, na dèan cus." Leum Sparky air a' leabaidh airson cluich le Ailean ach ann am priobadh na sùla bha e aig bonn na staidhre ag èigheach àrd a chinn.

"Dè rinn thu air?" dh'fhaighnich a mhàthair.

"Cha do rinn càil," ars Ailean.

"Tha an cù ud air am beagan ciall a bh' aige chall. Tha e air a bhith uabhasach neònach bho chionn ghoirid."

Sparky bochd! Cha robh e air mionaid fois fhaighinn bho thàinig am bòcan grànda a bhroinn an taighe.

Bha cùisean na bu dòigheile aig àm bracaist. Cha robh Ruairidh air èirigh, bha Dad a' leughadh nam pàipearan-naidheachd 's bha Sparky anns a' ghàrradh.

Phaisg Dad am pàipear, dh'èirich e 's thug e seacaid agus slat-iasgaich às a' phris aig bonn na staidhre.

"Ruairidh, cha leig thu leas a bhith falach. Thig sìos an seo agus tòisich air a' chàr. 'S fheàrr dhut a bhith deiseil mus till mise," dh'èigh Dad.

Ach cha robh freagairt bho Ruairidh.

"Cùm ort mar sin a bhalaich agus bidh tu duilich dha-rìribh!" Bha dad a' fàs feargach. Cha tàinig dùrd bho rum Ruairidh. A' bronndail leis fhèin, dhìrich Dad an staidhre 's chaidh e a-steach a' rum Ruairidh. Dh'èigh e air mam.

"Chan eil sgeul air! Cha do chaidil e seo a-raoir idir. Tha mi a' falbh ga lorg. Bheir mi leam Sparky. Cùm thus Ailean ann an seo."

Thionndaidh mam ri Ailean, "Bidh Ruairidh ceart gu leòr Ailean. Cha bhi e fad as. Tillidh e dhachaigh nuair a thig an t-acras air."

Chaidh i a-steach dhan chidsin a nighe na soithichean, 's chaidh Ailean suas a' rum Ruairidh. Bha an rum ann an òrdugh 's cha robh sin àbhaisteach. Bha mam an còmhnaidh a' trod gun robh e uabhasach troimhe-chèile.

Ach dè thug e leis? Choimhead Ailean mu chuairt.

Poca-droma, Nintendo, bòtannan, brògan ball-coise, dà bhriogais, geansaidh clòimh, toirdse, lèine Celtic, poca-cadail, bogsa le airgead, anarag — feumaidh e a bhith gun tug e an oidhche a' lìonadh a' phoca-droma. Bha aon rud cinnteach, cha robh duil aig Ruairidh tilleadh cho luath. Chaidh Ailean a dh'innse dha mhàthair na thug Ruairidh leis. "Ach 'eil fhios an tug e biadh leis cuideachd?" ars ise.

Dh'fhosgail e am frids — cais, hama, botal còc; à preas eile canastair beans, brot, macaroni, briosgaidean, criosps, siùcairean. Chaidh mam chun am fòn.

"Cuiridh mi geall nach tug e leis can-opener."

Thionndaidh Ailean. Bha Coinneach ri

taobh, gàire air aodann, 's e glè thoilichte aig na nithean a bha tachairt. "A bheil fhios agad càit an deach Ruairidh? Innis dhomh."

"Chan eil fhios agam idir. Cha bhi e fad as. Bha am poc a bh' aige cho trom 's nach coisicheadh e fada leis."

"Chunnaic thu e a' falbh! Carson nach do chuir thu stad air?"

"Chan eil ùidh agamsa ann an Ruairidh. 'S ann orts' tha mise ag obair."

Cha b' fhada gun tàinig dad a-steach air an doras le Sparky. Dh'innis mam dha mun an stuth a thug Ruairidh leis. Chrath e cheann.

"Tha e cheart cho math dhuinn fios a chur air na poileis." Thog e am fòn. Bha mam a-nis a' gal. Chaidh Ailean a dhèanamh cupan tì.

Thàinig dad dhan chidsin agus shuidh e sìos le osann throm.

"Chaidh mi fhìn agus Sparky dhan a h-uile àite 's chan eil sgeul air. 'Eil fhios agads' càit an deigheadh e?"

"Nam biodh dh'innsinn dhut dad."

Ghoil an coire. Rinn Ailean poit tì, dhòirt e cupan dha mam agus dad. Thàinig bualadh chun an dorais.

'S e Dòmhnall Caimbeul a bh' ann, poileas a bhuineas dhan bhaile aca fhèin. Duine mòr, reusanta, snog a bh' ann, agus le Dòmhnall na sheasamh an sin dh'fhairich iad uile na b' fheàrr. Cha b' fhada nis gum biodh Ruairidh aig an taigh.

Chaidh iad uile a-steach dhan rum 's thòisich Dòmhnall Caimbeul a' ceasnachadh mam agus dad.

Thàinig bualadh eile chun an dorais, 's nuair a choimhead Ailean a-mach air an uinneig chunnaic e mòran sholais a' lasadh. Solais ghorm, orainds, gheal — gu dè bha dol? Dh'fhosgail dad an doras, 's bha Iain Mac a' Ghobhainn, fear-smàlaidh, an sin le einnsean mòr dearg. Bha carbad-eiridinn ann cuideachd agus mo chreach mhòr dè tha sin? Heileacoptar!

"Fhuair mi fios air am fòn gun robh balach leat air chall."

"Cha do chuir mise fios oirbh. Na chuir thusa fios orra a Dhòmhnaill?"

"Gu dearbha fhèin cha do chuir. Tha e ro luath fhathast airson 'wide scale search' a dhèanamh."

Choimhead a h-uile fear aca ri Ailean. Chuala e Coinneach a' gàireachdainn mar amadan.

"Ailean, tha fios againn gun robh thu a' feuchainn ri ar cuideachadh, ach tha seo cus," arsa mam.

"Tha eagal air Ailean airson a bhràthair. Tha sin nàdarrach gu leòr ach lorgaidh sinn e a dh'aithghearr," thuirt am poileas 's e a' gabhail a-mach còmhla ri càch.

Rinn Coinneach Carach guidhe bheag leis fhèin. Cuin a bha Ailean ri dol a dhèanamh rudeigin uabhasach crosd? Ann am beachd dhaoin' eile co-dhiù.

# 6

Chaidh Diluain agus Dimairt seachad gu math slaodach. Dh'fheumadh Ailean fuireach aig an taigh. Cha leigeadh mam às a sealladh e. Cha robh sgeul air Ruairidh. Bha am baile gu lèir a-muigh a' coimhead air a shon. Chuir Ailean an ùine seachad na rum fhèin 's mar sin cha robh mòran cothrom aig a' bhòcan crosdachd sam bith a dhèanamh. Fhuair Sparky beagan fois cuideachd.

Aig àm dìnneir cha robh mòran bruidhinn mun bhòrd gun do dh'fhaighnich Ailean am faodadh e dhol còmhla ri athair a-màireach a choimhead airson Ruairidh.

"Gu dearbha fhèin chan fhaod," arsa mam. "Fuirich aig an taigh far an cùm mi mo shùil ort. Tha cùisean truagh gu leòr gun rud tachairt dhutsa. Cha chuir thu do shròin a-mach air an doras. Eil thu 'g èisdeachd rium?"

Chrom Ailean a cheann. Cha b' àbhaist dha mam bruidhinn ris cho cruaidh ri siud.

"Dèan thusa rud tha mam ag iarraidh ort," thuirt dad. "Tha e cunnartach a bhith muigh anns an dorchadas. Agus tha feum aig Mam agus Sparky ort an seo. Chan eil an cù gu mòran feum a bharrachd. Tha e ro ghòrach."

Bha Ailean na laighe anns a' leabaidh agus Sparky ri thaobh. Cha robh an cadal a' tighinn air a-nochd a bharrachd. An dùil càit am biodh Ruairidh a' cadal a-nochd. Bha e fuar agus fliuch a-muigh. Bha e an dòchas gun robh fasgadh aige. Cha bhiodh e air e fhèin a nighe no fhiaclan a ghlanadh airson trì latha. Ach cha chuireadh sin mòran dragh air Ruairidh. Bha mam an còmhnaidh a' gearain nach robh Ruairidh agus siabann a' tighinn air a chèile.

Sin e!

Leum Ailean a-mach às a leabaidh. Bha iad a' dèanamh an rud ceàrr. Thug mam seacaid sgoile Ruairidh dha na polais airson na coin aca. Ach bha an t-seacaid glan. Chaidh Ailean sìos dhan a' chidsin. Aig bonn na basgaid-nighe bha paidhear stocainnean le Ruairidh. Abair fàileadh!

Bha iad dìreach lobhte. Chaidh e suas an staidhre a dh'innse dha dad ach stad e aig an doras. Bha srann aig an dithis. Bha iad glè sgìth.

Chaidh e dhan rum aige fhèin 's chuir e air a chuid-aodaich. Thug e leis Sparky, toirdse agus na stocainnean 's chaidh e air chorra-biod a-mach às an taigh. Nise, dè a' chiad àite air an dèanadh Ruairidh? Dè thug e leis? Poca-cadail, Nintendo, a bhrògan ball-coise. Sin e! Cha robh Ailean air am bàlla fhaicinn air feadh an taigh. "Sparky, feuch siud fo do shròin agus lorg Ruairidh — Siuthad!"

Mach à seo le Sparky, agus Ailean a' ruith cho luath 's a b' urrainn dha as a dhèidh. Mu dheireadh thall thàinig iad gu pàirce mhòr air taobh muigh a' bhaile. Bho àm gu àm bhiodh Ruairidh agus a charaidean a' tighinn an seo a chluich ball-coise. Bha bothan beag ann far am biodh an cìobair a' cumail stuth airson caoraich agus uain. Cha robh fios aig duine gum biodh iad a' cluich anns a' phàirce. 'S ann le duine beartach a bha i agus bha feansa mhòr mu thimcheall oirre, 's cha robh òrdugh aig duine sam bith a dhol faisg. Cha robh Ailean air a bhith ann gu seo. Cha bu toil leis a bhith bristeadh an lagh.

Bha toll aig bonn na feansa agus chaidh Ailean agus Sparky troimhe. Sin am bothan. Choimhead Ailean a-steach air an uinneig leis an toirdse. Leum cuideigin gu chasan 's e a' dèanamh air an doras. "Ruairidh, Ruairidh, 's e Ailean a th' ann."

"O, chuir thu eagal orm amadain! Bha dùil agam gur e an geamair a bh' ann. Dè tha thusa a' dèanamh an seo co-dhiù. Càit a bheil dad?"

"Aig an taigh," ars Ailean. "'S ann a-nochd fhèin a smaoinich mi air an àite seo ach cha robh dòigh aig Sparky air do lorg gun tug mi dha do stocainnean salach."

Rinn Ruairidh gàire.

"Nach tu tha geur Ailein. Bha mise a' smaoineachadh nach robh diù aig duine dhomh."

"Carson nach do thill thu dhachaigh. Tha mam agus dad uabhasach troimh-chèile bho dh'fhàg thu."

"Bha làn dhùil agam tilleadh as dèidh aon latha ach nuair a chunnaic mi nach tàinig duine air mo thòir bha mi den bheachd nach robh sibh gam iarraidh."

"Nach tu tha gòrach!" ars Ailean. Cha robh fhios againn no aig na poileis càit an robh thu. Thugainn dhachaigh. Bidh mam agus dad cho toilichte d' fhaicinn."

A' mèaranaich, chuir iad stuth Ruairidh dhan phoca-droma agus sgioblaich Ailean am bothan. Bha e furasta fhaicinn gun robh Ruairidh air a bhith fuireach ann.

Air an t-slighe dhachaigh phut Coinneach Carach gairdean Ailein. "Seo a-nis. Tha thu air dà rud chrosd a dhèanamh a-nochd. Chaidh thu a-mach às an taigh gun innse dha do mhàthair. Bhris thu lagh nuair a chaidh thu tron fheansa ud. Ha! Ha! Rinn mi chùis ort."

"Dè an uair a tha e Ruairidh?" dh'fhaighnich Ailean.

"Deich mionaidean an dèidh trì sa mhadainn. Anmoch!"

"Tha thu air dheireadh a Choinnich. Chuir mis an gleoc anns an rum agam air ais. Cha do dh'fhàg mise an taigh gu uair sa mhadainn. Bha an t-seachdain agad seachad. Chaill thu."

"Cha do chaill. Rinn thu rud ceàrr co-dhiù." arsa Coinneach.

"Ma rinn," ars Ailean, "'s ann airson adhbhar cheart. Tha uidh agamsa na mo bhràthair agus tha gràdh agam air. Rud nach tuig thusa gu a chaoidh."

Thàinig guth eile a-mach às an dòrchadas, guth a chuir crith an cnàmhan Ailein.

"Tha am balach beag ceart a Choinnich. Ruith thu mach à tìde airson do dheuchainn. A thuilleadh air an sin cha shaoil a phàrantan gun do rinn e càil ceàrr air sgàth gun do lorg e bhràthair. Tha cho math dhut tilleadh air ais còmhla riumsa an-dràsda. Tha mòran agam ri ràdh riut ri linn thu fàilligeadh!" Rinn Coinneach sgreuch uabhasach feargach.

"Fuirich thus ort Ailein, fuirich thus! Nì mi a' chùis ort fhathast."

"A Choinnich! Thig an seo! An-dràsda! Chaidh am bòcan a-mach à sealladh.
"Cuimhnich Ailein, ars an guth, tha bòcan a' feitheamh ort fad do bheatha. Thoir an aire."

Phut Ruairidh a ghàirdean.

"Tha thu a' bruidhinn riut fhèin Ailein. Carson a dh'fheumas mi cùram a ghabhail?"

"Chan eil fhios dè dh'fhaodadh tachairt riut a-muigh air feadh na h-oidhche — sin uile."

"'S dòcha gun tachair mi ri bòcan no buidse, eh?"

"'S dòcha," ars Ailean.

**Ebonaidh agus Ibhoraidh**
Peigi Townsend

**An Cuilean Ròin**
Morag Stiùbhart

**Raghnall Ruadh agus Bànrigh nan Ròn**
Seonag M NicDhòmhnaill

**Na Gaisgich**
Morag Stiùbhart

**Leabhraichean eile san t-sreath:**

**Na Loidsearan Neònach**
Criosaidh Dick

**Grìogag Ghràinne**
Morag Stiùbhart

**Fèill an Damhair**
Seònaid NicNèill

**Fionn, na Fuamhairean 's na Daoine Beaga**
Catrìona NicGumaraid

**Draoidhean Dhailbhealasdair**
Gracie Summers